各巻内容

1 からだをつくる ごはんとおやつ

- **巻頭インタビュー** 内村航平さん(体操)／高橋尚子さん(マラソン)

主食 主菜 牛肉たっぷり肉どうふ定食／タンドリーチキンのコールスローぞえ／かんたんぶり照り／和風のさっぱりハンバーグ／ツナと卵の中華風いため／えびとれんこんのはんぺん焼き／エッグアボカドトースト／ビビンバ風焼き肉弁当／丼めし3種(にらそぼろ丼、鶏トマト煮丼、えび玉あんかけ丼)

副菜 汁物 レバーと香味野菜のピリ辛いため／ひじき入り五目だし巻き卵／牛肉のぜいたく肉じゃが／鶏つくねのごまスープ／たことセロリの和風和え物／クラムチャウダー／小松菜としらすの和え物／さけときのこのバターみそ汁

デザート ドリンク フレンチトーストのフルーツぞえ／レンジでチンのかんたんプリン／ひんやりレアチーズケーキ／ふわふわ手づくりマシュマロ／生クリームたっぷりフルーツサンド／ドライフルーツのヨーグルト漬け／なめらかミルクセーキ／タピオカ×ココナッツミルク

付録：もっと知りたい！ 栄養とスポーツ1

2 ちからをつける ごはんとおやつ

- **巻頭インタビュー** 木村沙織さん(バレーボール)／室伏広治さん(ハンマー投げ)

主食 主菜 鶏のから揚げ弁当／ぶりと根菜の中華風丼／関西風お好み焼き／春雨入りヘルシーシュウマイ／あつあつなべ焼きうどん／じゃがバタチキン／かぼちゃとほうれん草のコロッケ定食／えびたっぷりドリア／おにぎり5種(肉巻き、梅しそさけ、高菜明太子、ベーコン卵、おかかチーズ)

副菜 汁物 焼き野菜のマリネ／ほうれん草とソーセージのパンキッシュ／山いもステーキ みそソースがけ／春雨たっぷり中華サラダ／五目きんぴら／かぶのすり流し／なめらかポテトサラダ／里いもとトマトのポタージュ

デザート ドリンク コーン入りおかずパンケーキ／おなか満足スイートポテト／もちもちよもぎ草もち／かんたんお麩ラスク／オレンジ風味のふかふか蒸しパン／トースターでつくる焼きりんご／ドライフルーツたっぷりグラノーラ／関西風ミックスジュース

付録：もっと知りたい！ 栄養とスポーツ2

3 げんきになる ごはんとおやつ

- **巻頭インタビュー** 入江陵介さん(競泳)／浜口京子さん(レスリング)

主食 主菜 野菜とえびのチャーハン弁当／いろいろ野菜の肉巻き／野菜たっぷりナポリタン／さっぱりレモンチキン／カラフルピーマンのチンジャオロース／ぎょうざのバランス定食／豚肉ともやしの竜田揚げ／旬の魚でつくる煮魚／サンドイッチ3種(カレーツナ、BLT、卵サラダ)

副菜 汁物 カレー風味の豆サラダ／さくらえびときのこのチヂミ／ひじきの梅煮／具だくさんミネストローネ／きゅうりとちくわの酢の物／ささみときのこのごまスープ／めかぶと納豆のネバネバおろし和え／冷たいパプリカのスープ

デザート ドリンク バナナカップケーキ／旬のフルーツゼリー／りんごのコンポート 生クリームぞえ／フルーツ杏仁どうふ／ヨーグルトアイスクリーム／ミックス野菜のビスケット／手づくりスポーツドリンク／はじけるレモンスカッシュ

付録：もっと知りたい！ 栄養とスポーツ3

夢をかなえるスポーツ応援レシピ
つくろう！ 食べよう！
勝負ごはん
監修／新生暁子

1 からだをつくる ごはんとおやつ

日本図書センター

監修者のことば

新生暁子
(管理栄養士
元チームQ栄養担当)

みなさんはスポーツが好きですか？ では、食べることは好きですか？ 練習や試合のあとに食べるごはんは、とてもおいしく感じますよね。食事は、がんばった人へのごほうびだと思っています。

おいしいことはもちろん、からだに必要な栄養をとることも、スポーツでちからを出せるからだづくりのためには重要です。たとえば骨は、カルシウムでつくられますね。運動をしたあとにカルシウムをとるほうが、運動しない場合よりも骨が成長することがわかっています。からだは、運動と食べたもので、つくられるのです。

この本では、成長期にあるみなさんにおすすめのレシピを紹介しています。「食べたい！」と思ったものから、つくってみてください。そして、食事とスポーツの両方を楽しんでくれたらうれしいです。

この本の使い方

この本はスポーツに必要な栄養素を重視した料理のつくり方を、やさしく紹介しています。レシピを見ながらつくってみましょう。

献立アイコン
「主菜」「副菜」などレシピの種類を示しています。

勝負ごはんのPOINT
メニューのポイントとなる栄養素や効果などを紹介します。

材料
レシピごとにつくりやすい分量で示しています。

もう一品プラス！
目的に合わせて、栄養素を補うためにおすすめのレシピを紹介します。

※レシピの栄養素などを紹介したコラムもあります。

完成時間
料理の完成までにかかる目安の時間です。

つくり方
ていねいな解説で、手順がふくざつなレシピには写真をつけて説明しています。

調理のポイント
おいしく、上手につくるコツを紹介しています。

もくじ

アスリートの食事とからだづくり
- 体操の内村航平さんインタビュー　バランスのよい食事が強さを生む！ …… 4
- マラソンの高橋尚子さんインタビュー　なりたい自分に近づく食事！ …… 6

がっつり食べてからだをつくる 主食・主菜

- 筋力アップ効果！ 牛肉たっぷり肉どうふ定食 …… 8
- スピード疲労回復！ タンドリーチキンのコールスローぞえ …… 12
- 鉄＋DHAの効果！ かんたんぶり照り …… 14
- 筋肉のダメージ回復！ 和風のさっぱりハンバーグ …… 16
- 骨の成長サポート！ ツナと卵の中華風いため …… 20
- 免疫力を強化！ えびとれんこんのはんぺん焼き …… 22
- 即効栄養チャージ！ エッグアボカドトースト …… 26
- からだに抵抗力！ ビビンバ風焼き肉弁当 …… 28
- スピード補給！ 丼めし3種（にらそぼろ丼、鶏トマト煮丼、えび玉あんかけ丼）…… 30

プラス一品でからだをつくる 副菜・汁物

- レバーと香味野菜のピリ辛いため …… 34／ひじき入り五目だし巻き卵 …… 35
- 牛肉のぜいたく肉じゃが …… 36／鶏つくねのごまスープ …… 37
- たことセロリの和風和え物／クラムチャウダー …… 38
- 小松菜としらすの和え物／さけときのこのバターみそ汁 …… 39

さくっと食べてからだをつくる デザート・ドリンク

- フレンチトーストのフルーツぞえ …… 40／レンジでチンのかんたんプリン …… 41
- ひんやりレアチーズケーキ …… 42／ふわふわ手づくりマシュマロ …… 43
- 生クリームたっぷりフルーツサンド／ドライフルーツのヨーグルト漬け …… 44
- なめらかミルクセーキ／タピオカ×ココナッツミルク …… 45

付録　もっと知りたい！ 栄養とスポーツ 1 …… 46

アスリートの食事とからだづくり

体操の内村航平さんインタビュー
バランスのよい食事が強さを生む!

体操選手として、世界で活躍している内村航平さん。そのたくましい筋肉からは、何でも食べるイメージがあるかもしれませんが、子どものころは好ききらいが多かったそうです。そんな内村さんが、好きな食べものや、体操選手ならではの食事のとり方について、話してくれました。

> 好ききらいなく、何でも食べることが大切ですね!

Q からだづくりのために、ふだんの食事で気をつけていることはありますか。

A ふだんは寮で、管理栄養士さんがつくる夕食をしっかり食べています。それ以外の食事は、一度にたくさん食べるとからだが重くなるので、朝食、昼食という形で食べるわけではありません。練習前や練習中にエネルギーのもととなる間食を少しずつとり、練習でちからを発揮できるようにしています。

Q 体操選手にとって、いちばん必要な栄養素は何だと思いますか。また、その栄養素をとるために何を食べていますか。

A あまりひとつの栄養素にはこだわっていないのですが、からだづくりに重要なたんぱく質は大切だと思っています。夕食では、肉や魚などのおかずをしっかり食べるように心がけています。とくに、豚肉はたんぱく質とビタミンB₁をいっしょにとることができ、からだづくりと疲労回復の両方の要素があっていいですね。豚肉料理でいうと、豚のしょうが焼きは、しょうがにからだを温める効果もあるので好きです。あとはコンディションを整えるためにはビタミンなども大切だと思うので、野菜や果物も積極的にとるようにしています。

Q 試合の前などに必ず食べると決めている食べものはありますか。また、なぜそれを食べるようになったのでしょうか。

A 決まった食べものはないのですが、試合の2時間ぐらい前におにぎりかパン、そして、あまいものを少し食べます。からだが重くなると動けなくなるので、エネルギーとなるものを少しずつ食べるといった形です。

Q 内村さんはチョコレート好きとして有名ですが、最近バランスのとれた食事をされているという話を聞きました。どのようなきっかけで食事を変えようと思われたのですか。

A 学生のころにくらべ、社会人になって年齢を重ねるごとに疲労がぬけにくくなるのを感じました。そしてけがなく、長く体操を続けるために、バランスのよい食事を心がけるようになりました。食事に気をつけるようになってから、体脂肪率も低くなり、からだがしぼれていると思います。これからも食事に気をつけることで、強いからだがつくれるのではないかと思っています。とはいえ、あまいものを食べるとリラックスできて疲れもとれるので、あまいものも間食で食べていますよ。

Q 内村さんは、小・中学生のころは食事の好ききらいはありましたか？

A 私は子どものころは好ききらいが多かったので、母はバランスのよい食事をさせることに苦労したと思います。とくに野菜が苦手だったので、みじん切りにしてハンバーグにまぜてなんとか食べさせるといった感じです。こういった母の努力のおかげで、バランスよい食事が保てていたのだと思います。

Q スポーツをする子どもは、食事でどんなことに気をつけるとよいでしょうか？

A 子どものころから好ききらいなく食べることができると、海外の遠征などでも食事にこまることがなくなります。そういった意味でも、やはり何でも食べることができるようになることは大切ですね。

Q 最後に、この本の読者へメッセージをお願いします。

A いつも応援ありがとうございます。スポーツは楽しむことが重要だと思うので、みなさん精一杯楽しんで続けてくださいね。私は体操の練習をもっとがんばって、みなさんによい演技をお見せできるようがんばります！　これからもご声援、よろしくお願いします！

体操選手
内村航平（コナミスポーツクラブ）

1989年、福岡県生まれ。両親が経営する体操クラブで、3歳から体操を始める。日本体育大学卒業。2008年、第29回オリンピック競技大会（中国・北京）で男子個人総合銀メダル。2012年、第30回オリンピック競技大会（イギリス・ロンドン）で男子個人総合金メダル。2009〜2015年、世界体操競技選手権大会で個人総合6連覇。

アスリートの食事とからだづくり

マラソンの 高橋尚子さん インタビュー
なりたい自分に近づく食事！

シドニーオリンピック・女子マラソンの金メダリスト高橋尚子さん。現役時代の厳しい練習を支えたのは、丈夫なからだをつくるために工夫されたバランスのよい食事でした。試合前には炭水化物中心の食事でエネルギーをたくわえて、42.195kmを力強く走りぬくことができました。

> 食べものへの関心を高めて、スポーツを楽しんでくださいね！

Q 高橋さんは現役時代、いつごろから食事に気を配るようになりましたか？

A 大学に入って、自分で食事をつくるようになったときです。速く走るには、しっかり練習ができてけがをしないからだをつくること。そのために食事が重要であることに気づき、練習日誌に食事の内容を栄養素に分けて毎日グラフにして書きこみ、バランスのよい食事を心がけるようになりました。

Q 現役のマラソン選手だったころは、毎日の食事ではどんなことに気をつけていましたか？

A 現役時代は、毎日40km以上走るほどハードな練習をこなしていました。そこで肉、魚、野菜など多くの種類の食材を使ったバランスのよい食事をとることを心がけていました。なかでも、走ってこわれた筋肉の細胞をつくり直すために必要なたんぱく質をとくに多くとっていました。また長距離ランナーは貧血になりやすいため、納豆、レバー、ひじきは必ず毎日食べていました。

Q 試合前になると、特別な食事をとったりするのですか？

A たとえば日曜日に試合があるときは、木曜日まではたんぱく質の多い食事をとり、金曜日からは走るエネルギーをたくわえるために炭水化物中心の食事にかわります。試合前日や当日の朝は、おもちをのせたうどんをおかずにごはんを食べるのが、私の定番メニューでした。そして試合前にスポーツゼリーでアミノ酸やビタミンを補給します。

Q 高橋さんは、小・中学生のころは食事の好ききらいはありましたか？

A 私は小さいころから、ほとんど好ききらいはありませんでした。よく母が筑前煮をつくってくれましたが、鶏肉はたんぱく質が豊富で、根菜類などの野菜もたっぷり入っています。母の手づくりの料理が、選手としての私のからだの基本をつくってくれたと感謝しています。思春期は食べものの好みも変わりやすく、苦手なものでも案外食べられるようになることもあります。きらいだと思っているものも、ときには口にしてみるといいと思います。

Q 試合の前などに必ず食べると決めている食べものはありますか。

A 中学・高校のとき、試合前に母が必ず持たせてくれたのがおかかのおにぎりでした。今でもおかかのおにぎりを食べると、「よし、がんばろう」という気持ちになります。

Q スポーツをする10代は、食事でどんなことに気をつけるとよいでしょうか？

A 10代はからだをしっかりとつくる時期です。競技によっては太ってはいけないと食事を制限してしまう選手もいますが、まずきちんとバランスのよい食事をとって、しっかりとしたからだをつくることを第一に考えてください。10年後、20年後も大好きなスポーツができるように、成長期である小・中学生のときこそ、食事をしっかりとりましょう。

Q 最後に、スポーツをがんばっているこの本の読者に、メッセージをお願いします。

A 強くなる秘訣は楽しむこと。楽しい気持ちをわすれなければ、練習も夢中になれるし、技術や能力も向上していきます。そのためにも、自分のからだを大切にしてください。からだを動かすエネルギーは、口から入れた食べものだけです。いいものを食べれば、いいからだになります。自分が口にする食べものへの関心を高めて、なりたい自分に近づいてください。

スポーツキャスター・マラソン解説者
高橋尚子

1972年、岐阜県生まれ。中学から陸上競技を始める。大阪学院大学卒業。2000年、第27回オリンピック競技大会（オーストラリア・シドニー）で金メダル。2001年、ベルリンマラソンで女性として初めて2時間20分を切る世界記録（当時）を樹立。公益財団法人日本陸上競技連盟理事。公益財団法人日本オリンピック委員会理事。JICAオフィシャルサポーター。

動物性×植物性たんぱく質の 筋力アップ効果！

牛肉たっぷり肉どうふ定食

主食 / 主菜 / 副菜 / 汁物

勝負ごはんのPOINT
この栄養素で勝つ！

良質な動物性たんぱく質をふくむ牛肉と、植物性たんぱく質が豊富なとうふ。いっしょに食べると筋肉増強や疲労回復の効果がアップ。

完成まで 30分
※3レシピ分の調理時間です。

がっつり食べてからだをつくる ― 主食・主菜 ―

材料（2人分）

●肉どうふ
- 牛肉 …………………………… 200g
- 焼きどうふ …………………… ½丁
- 長ねぎ ………………………… ½本
- にんじん ……………………… ¼本
- しいたけ ……………………… 2個
- A
  - だし汁 ……………………… 200mL
  - 酒 ………………………… 大さじ1と½
  - 砂糖 ……………………… 大さじ2
  - しょうゆ ………………… 大さじ2

●ほうれん草のおひたし
- ほうれん草 …………………… 4株
- 乾燥きくらげ ………………… 1g
- 乾燥さくらえび ……………… 大さじ2
- B
  - しょうゆ ………………… 小さじ2
  - だし汁 …………………… 大さじ2
- かつおぶし …………………… 適量

●わかめのみそ汁
- カットわかめ ………………… 2g
- 万能ねぎ ……………………… 適量
- だし汁 ………………………… 400mL
- みそ …………………………… 大さじ1と½

●ごはん
- ごはん ………………………… 300g

【準備しておくこと】
きくらげを水でもどしておく。
ごはんを炊いておく。

つくり方は次のページだよ！

もう一品プラス！ ドライフルーツのヨーグルト漬けで **パワーアップ！**

ドライフルーツのヨーグルト漬け（→44ページ）をプラスして、ビタミンとミネラルを補いましょう。

動物性×植物性たんぱく質の 筋力アップ効果！

牛肉たっぷり肉どうふ定食

つくり方

●肉どうふ

1 材料を切る

> しいたけは水で洗わずに、キッチンペーパーやふきんでよごれを落としてから切ろう。

焼きどうふは6等分、牛肉は食べやすい大きさに切る。長ねぎはななめ切り、にんじんは小さめの乱切りにし、しいたけは石づきを取る。

2 牛肉を煮る

> アクをしっかりと取るために、強火にしておこう。

Aを合わせ、煮汁をつくり、そのうちの半分をなべに入れる。ふっとうしてきたら、牛肉をほぐし入れ、アクを取りながら強火で煮る。

3 野菜を煮る

肉の全体の色が変わったら、長ねぎ、にんじん、しいたけを加えて煮る。

4 とうふを煮る

最後に焼きどうふと、残りの煮汁を加え、弱火で10分くらい煮る。

この食材で勝つ！

まるごとゲット！ とうふパワー

練習時間が長いと、からだは疲れて食欲も低下しがち。そんなとき、さっぱりしたとうふは、たんぱく質の補給に役立つよ。夏バテ気味のときはとくにおすすめの食材。野菜、肉、魚などいろいろな食材と合うので、組み合わせてバランスよく食べよう。

●ほうれん草のおひたし

1 ほうれん草をゆでる

なべにたっぷりの湯をわかし、よく洗ったほうれん草の葉のほうを手で持ったまま、まず根元だけ20～30秒間入れる。その後、手をはなして葉も入れ、はしを使って上下を返しながら約30秒～2分間ゆでる。

> ゆでる時間に差をつけることで、仕上がりの色や固さを均等にすることができるよ。

2 ほうれん草を切る

ほうれん草を冷水に取り、水気をよくしぼったら、5cmの長さに切る。

3 きくらげを切る

水でもどしたきくらげをふっとうした湯にさっとくぐらせてざるに上げ、細切りにする。

4 具材を和える

2、3、さくらえびを合わせ、Bで和える。

●わかめのみそ汁

1 わかめをもどす

たっぷりと水を入れたボウルにカットわかめを入れ、やわらかくなったら水気を切る。

2 わかめを入れる

なべにだし汁を入れ、ふっとうしたら1を加える。

3 味つけする

みそで味を調え、小口切りにした万能ねぎをちらす。

> みそを入れたら、ふっとうさせないように注意しよう。

"この食べ方で勝つ!"
配ぜんの基本とバランスのとれた食事のとり方

和食の場合、左手前に「ごはん（主食）」、右手前に「汁物」、左手おくに「主菜」、右手おくに「副菜」をならべるというのが基本。おはしは、手前中央に持ち手側を利き手のほうに向けて置くよ。食べるときは、ならんだ料理を均等に少しずつ食べることを心がけよう。時間をかけてしっかりかむことで、消化もよくなるよ。

主菜　副菜　主食　汁物

コラーゲンとクエン酸でスピード疲労回復！

タンドリーチキンのコールスローぞえ

主菜

この栄養素で勝つ！勝負ごはんのPOINT

からだの成長に必要なコラーゲンが豊富なチキン。疲労回復に効くクエン酸たっぷりのレモン汁入りコールスローと合わせれば、練習後にぴったりのメニュー。

完成まで 30分
※2レシピ分の調理時間です。

材料（2人分）

●タンドリーチキン
- 鶏もも肉 …………… 1枚
- 塩、こしょう ……… 各少々
- A
  - おろしにんにく ……… 少々
  - プレーンヨーグルト … 100mL
  - ケチャップ ………… 大さじ2
  - カレー粉 …………… 小さじ1
- サラダ油 …………… 小さじ2

●コールスロー
- キャベツ …………… 2枚
- にんじん …………… 4cm
- コーン（缶） ……… 大さじ1
- B
  - オリーブオイル … 小さじ1
  - 酢 ………………… 大さじ1
  - レモン汁 ………… 小さじ2
  - マヨネーズ ……… 小さじ2
  - はちみつ ………… 小さじ1
- 塩、こしょう ……… 各少々

もう一品プラス！
たことセロリの和風和え物でパワーアップ！

からだに抵抗力をつけるタウリンが豊富なたこを使ったレシピ、たことセロリの和風和え物（→38ページ）をプラスしましょう。

がっつり食べてからだをつくる —主食・主菜—

つくり方

●タンドリーチキン

1 鶏肉を切る
鶏もも肉は大きめのひと口大に切り、塩、こしょうをしておく。

2 たれをつくる
ポリ袋にAを入れてまぜ合わせる。

3 鶏肉をたれに漬けこむ

全体にたれがつくように、よくまぜ合わせよう。

2に、1を加えて15分くらい漬けこんでおく。

4 鶏肉を焼く

皮から焼くことで、皮がパリッと焼き上がるよ。

フライパンにサラダ油を熱し、3を皮の部分から先に焼き、両面に焼き色をつけたら、ふたをして4分くらい弱火で蒸し焼きにする。

●コールスロー

1 野菜を切る
キャベツは葉を重ねて丸め、細く切ろう。

キャベツとにんじんを千切りにする。

2 味つけする
ボウルに1とコーンを入れてBで和え、塩、こしょうで味を調える。

脳とからだが活発に動きはじめる
鉄＋DHAの効果！

かんたんぶり照り

主菜

この栄養素で勝つ！
勝負ごはんのPOINT

酸素をからだじゅうに運ぶ鉄と、脳の構成成分であるDHA（ドコサヘキサエン酸）が豊富なぶりを食べれば、頭がさえ、判断力アップにつながる。

完成まで20分

材料（2人分）

- ぶり（切り身）……………2切れ
- 塩……………………………少々
- ごま油………………………小さじ1
- ししとう……………………4本
- A
  - しょうゆ…………………大さじ1
  - みりん……………………小さじ1
  - 酒…………………………大さじ1
  - 砂糖………………………小さじ1

＋もう一品プラス！

小松菜としらすの和え物でパワーアップ！

小松菜としらすの和え物（→39ページ）をプラスして、不足しがちなビタミンやミネラルを野菜と小魚からしっかりとりましょう。

つくり方

1 ぶりの下ごしらえをする

ぶりに塩をふり、10分ほど置き、よぶんな水気を取る。

> 塩をふっておくことで、下味がつき、魚のくさみとよぶんな水分が取れるよ。

2 ぶりを焼く

フライパンにごま油を入れて熱し、ぶりの皮を下にして焼き、焼き色がついたら、うら返す。

> 皮の部分から先に焼くことで、皮がパリッと焼け、皮が苦手な人も食べやすくなるよ。

3 ししとうを加える

両面に焼き色がついたら、ししとうを加え、ふたをして、2分ほど蒸し焼きにする。

> ししとうの軸の部分はかたいので、あらかじめ切り落としておこう。

4 汁を煮つめる

ししとうを取り出し、合わせたAを加えて、弱火にする。汁気がなくなり、ぶりの表面につややかな照りが出てきたらできあがり。

> しっかりと煮つめることで、ぶりに照りが出るよ。

合いびき肉(牛肉×豚肉)+とうふで
筋肉のダメージ回復!

和風のさっぱりハンバーグ

主菜

完成まで30分

がっつり食べてからだをつくる ―主食・主菜―

この栄養素で勝つ！
勝負ごはんのPOINT

ひき肉やとうふのたんぱく質は、運動でダメージを受けた筋肉を修復する。消化によい大根おろしをそえれば、食欲のないときにもおすすめ。

材料（2人分）

●ハンバーグ
合いびき肉	200g
塩	少々
玉ねぎ	¼個
木綿どうふ	¼丁
パン粉	大さじ2
牛乳	大さじ3
卵	1個
こしょう、ナツメグ	各少々
サラダ油	小さじ3
A ┌ だし汁	200mL
│ 砂糖	小さじ1
└ しょうゆ	大さじ2
大根おろし、万能ねぎ	各適量

●つけ合わせ
さやいんげん	6本
塩	少々
プチトマト	4個

つくり方は次のページだよ！

もう一品プラス！

さけときのこのバターみそ汁 または なめらかミルクセーキで パワーアップ！

疲労回復効果のあるビタミンB_1が豊富なさけを使ったレシピ、さけときのこのバターみそ汁（→39ページ）をプラスするとよいでしょう。もしくは、牛乳を使ったなめらかミルクセーキ（→45ページ）で、カルシウムとたんぱく質をとりましょう。

合いびき肉(牛肉×豚肉)＋とうふで
筋肉のダメージ回復！
和風のさっぱりハンバーグ

つくり方

1 玉ねぎをいためる

> 塩を入れることで玉ねぎから水分が出て、早く火が通るよ。

フライパンにサラダ油小さじ1を熱し、みじん切りにした玉ねぎを入れて、ゆっくりいためる。塩を加えてしんなりしてきたら、火を止め、冷ます。

2 ひき肉をこねる

> しっかりと手全体でまぜよう。ここでしっかりまぜることで、失敗しないよ。

ボウルに合いびき肉、塩を入れて色が白っぽく、ねばりが出てくるまでよくこねる。

3 とうふを加える

2に1、木綿どうふ、牛乳でしめらせたパン粉、卵、こしょう、ナツメグを加え、よくこねる。

4 形を整える

> キャッチボールをするように、右手から左手、左手から右手へと投げるといいよ。

3の半量を手にとり、両手の間で手早く交互に投げて、中にふくまれた空気をぬき、形をだ円形に整える。もう半量も同様にする。

5 焼く

> 真ん中をへこませることで、火の通りが均等になるよ。

フライパンにサラダ油小さじ2を中火で熱し、4を入れ、中央を少しおさえてへこませる。

6 蒸し焼きにする

ハンバーグの表面から透明な肉汁が出てくればOK。

焼き色がついたらひっくり返し、ふたをして6～7分蒸し焼きにし、中まで火を通す。フライパンを火から下ろし、ハンバーグを皿にもりつける。

7 たれをつくる

合わせたAを6のフライパンに加え、残った肉汁とまぜながら少し煮る。

肉汁はすてないで！おいしいたれをつくる材料になるよ。

8 つけ合わせをつくる

なべに湯をわかし、塩を少々加え、さやいんげんを2分ほどゆでる。

9 もりつける

ハンバーグの上に、大根おろし、小口切りにした万能ねぎをのせ、7のたれをかける。プチトマト、半分に切った8をそえる。

この食材で勝つ！

まるごとゲット！　ひき肉パワー

ひき肉は、器械でひいて細かくした牛・豚・鶏などの肉のことで、そのうち牛肉と豚肉をまぜてひいた肉のことを「合いびき肉」というよ。うまみも栄養も牛・豚両方の特徴をもっているんだって。たとえば、牛ひき肉だけだと焼いたときに固くなりやすいけれど、脂肪が多い豚ひき肉を加えることで、ふっくらジューシーに仕上がるよ。

ハンバーグをつくるときは、ひき肉をしっかりこねることで、肉の中のたんぱく質がおたがいに結びついて粘着力が強くなり、うまみを中に閉じこめることができるよ。焼いたときには全体がまとまろうとして、ハンバーグが割れにくくなるんだよ。

きくらげのビタミンD＆カルシウムで骨の成長サポート！

ツナと卵の中華風いため

主菜

この栄養素で勝つ！勝負ごはんのPOINT

きくらげには、骨をつくるカルシウムと、カルシウムの吸収を助けて骨を強くするビタミンDが豊富。カルシウムとビタミンDをペアでとれるきくらげを使った一皿。

完成まで 15分

※きくらげをもどす時間をのぞきます。

材料（2人分）

- ツナ缶（水煮）……………… 1缶
- トマト……………………… 小2個
- 乾燥きくらげ………………… 3g
- 卵…………………………… 2個
- ごま油……………………… 小さじ2
- 鶏がらスープの素……… 小さじ½
- 塩、こしょう……………… 各少々

【準備しておくこと】
きくらげを水でもどしておく。

もう一品プラス！
鶏つくねのごまスープで **パワーアップ！**

カルシウムがからだの中ではたらくために必要なマグネシウムを、鶏つくねのごまスープ（→37ページ）のごまから補給しましょう。

がっつり食べてからだをつくる — 主食・主菜

つくり方

1 材料を切る

トマトは先にへたをくりぬいておこう。

トマトはたて半分に切り、切り口の中央から等分に切る（くし切り）。水でもどしたきくらげは適当な大きさに切る。

2 材料をいためる

フライパンにごま油を入れて熱し、ツナ、トマト、きくらげを入れていためる。

ツナは、缶の水気を切ってから入れよう。

3 とき卵を入れる

とき卵を入れたあとは、あまりかきまぜすぎないようにしよう。

トマトに火が通ったら、鶏がらスープの素をまぜたとき卵を流し入れ、全体をふんわりと軽くまぜ合わせる。

4 味つけする

塩、こしょうで味を調える。

亜鉛＋ビタミンCのコンビで免疫力を強化！

えびとれんこんのはんぺん焼き

主菜

完成まで 20分

この栄養素で勝つ！
勝負ごはんのPOINT

けがの回復を早める亜鉛をふくむえびと、ビタミンCが豊富なれんこんで免疫力アップ。シャキシャキのれんこんと、なめらかなはんぺんのハーモニーも楽しい。

材料（8個分）

●はんぺん焼き

えび（ブラックタイガー）	8尾
しそ	3枚
れんこん	2cm
はんぺん	1枚
A　塩	少々
オリーブオイル	小さじ1
片栗粉	大さじ1
水	大さじ1
オリーブオイル	大さじ1
ポン酢	適量

●つけ合わせ

キャベツ	1枚
きゅうり	1/4本
トマト	1/2個

つくり方は次のページだよ！

もう一品プラス！

レバーと香味野菜のピリ辛いため または
小松菜としらすの和え物で
パワーアップ！

レバーと香味野菜のピリ辛いため（→34ページ）をプラスして、レバーの鉄分を補給しましょう。もしくは、小松菜としらすの和え物（→39ページ）でカルシウムやビタミンを補いましょう。

― がっつり食べてからだをつくる ― 主食・主菜 ―

亜鉛＋ビタミンCのコンビで免疫力を強化！

えびとれんこんのはんぺん焼き

つくり方

1 えびの下ごしらえをする

えびはからをむいて竹ぐしで背わたを取りのぞく。

> 背わたはない場合もあるけれど、必ずチェックしよう。

2 えびを切る

1を小さめのぶつ切りにする。

3 しそを切る

しそは茎を切り落とし、重ねてくるくると巻き、細切りにしてからあらみじん切りにする。

4 れんこんを切る

> あらみじん切りでれんこんの食感を残そう。

れんこんをあらみじん切りにする。

この食材で勝つ！

まるごとゲット！ れんこんパワー

れんこんのビタミンCは、かぜ予防やストレスをやわらげる効果があるよ。切り口から糸を引くのは、ムチンという成分がねばりをもつため。ムチンは、胃を守り、スタミナアップに役立つよ。

5 材料をまぜる

はんぺんをしっかりとつぶしながらまぜよう。

ボウルに2、3、4、はんぺん、Aを加え、手でよくもむようにまぜる。

6 形を整える

バラバラにならないように、しっかりとにぎろう。

ねばりが出てきたら、8等分にして、小判型に成形する。

7 焼く

きつね色になるまで焼き目をつけよう。

フライパンにオリーブオイル大さじ1をひき、6を入れて、両面を焼く。

8 もりつける

お皿にもりつけ、千切りにしたキャベツ、ななめうす切りにしたきゅうり、くし切りにしたトマトをそえる。器に入れたポン酢をそえる。

この食材で勝つ！

まるごとゲット！　えび＆はんぺんパワー

えびの独特のあまみは、たんぱく質を構成するアミノ酸によるもの。アミノ酸は成長ホルモンをしげきし、筋肉を強くする効果がある。しかし、なかには体内でつくれない種類もあるので、食べものからしっかりとるようにしよう。
また、えびのアミノ酸の中には、水にとけやすいものもある。ゆですぎると、栄養といっしょにうまみもとけ出してしまうので、ゆでるときは短時間でさっとゆでるようにしよう。
はんぺんは、魚のすり身に山いもなどを加えて加熱したもの。ふわふわとやわらかく、なめらかな食感が特徴で、消化にいいよ。

がっつり食べてからだをつくる　主食・主菜

アボカドの植物性脂質+たんぱく質で即効栄養チャージ!

エッグアボカドトースト

主食 / 主菜

完成まで20分

この栄養素で勝つ!
勝負ごはんのPOINT

良質な脂質とたんぱく質をふくみ、栄養価世界一といわれる果物「アボカド」を使った、手軽にとれて腹もちのいい間食におすすめのメニュー。

材料（2枚分）

- 食パン（5枚切り）……………2枚
- アボカド……………………1個
- 玉ねぎ………………………1/8個
- レモン汁……………………小さじ1
- マヨネーズ…………………大さじ1
- 塩、こしょう………………各少々
- ピザソース…………………大さじ2
- 卵……………………………2個
- とけるチーズ………………大さじ2

クラムチャウダーでパワーアップ！

もう一品プラス！

牛乳を使ったスープ、クラムチャウダー（→38ページ）をいっしょに食べて、成長期に必要なカルシウムをとりましょう。

つくり方

1 アボカドの下ごしらえをする

アボカドは、種にぶつかるところまでぐるりとたて半分に切りこみを入れて開く。スプーンで種をくりぬき、皮をむいて、つぶす。

2 材料をまぜる

1にみじん切りにした玉ねぎ、レモン汁、マヨネーズを加え、塩、こしょうで味を調える。

3 パンにくぼみをつくる

くぼみをつくるとき、パンに穴があかないように気をつけよう。

食パンにピザソースをぬり、食パンのやわらかい部分をスプーンなどでおしつぶし、くぼみをつくる。

4 パンにかべをつくる

小さいスプーンなどを使って、少しずつていねいにかべをつくろう。

食パンの耳の部分などの高いところに、2をぬり、かべをつくる。

5 オーブントースターで焼く

くぼみの部分に卵を落とし、とけるチーズをかけ、オーブントースターで6分ほど焼く。

表面にこんがり焼き色がつけばOK。こがさないように気をつけよう。

牛肉のたんぱく質と野菜のビタミンで からだに抵抗力！

ビビンバ風焼き肉弁当

主食 主菜

この栄養素で勝つ！ 勝負ごはんのPOINT

牛肉のたんぱく質には、穀物に不足しがちなリジンというアミノ酸の一種も豊富なので、体力を増強し、からだに抵抗力をつける。

完成まで 30分

材料（2人分）

●焼き肉
- 焼き肉用牛肉……………… 12枚
- A
  - しょうゆ…………… 大さじ2
  - ごま油……………… 小さじ1
  - 酒…………………… 大さじ1
  - 砂糖………………… 小さじ1
  - すりごま…………… 小さじ½
  - にんにく（みじん切り）…1かけ
- サラダ油…………………… 小さじ2

●ほうれん草のナムル
- ほうれん草………………… 2株
- B
  - しょうゆ…………… 小さじ½
  - ごま油……………… 小さじ⅓

●豆もやしのナムル
- 豆もやし…………………… ⅓袋
- C
  - 塩…………………… 少々
  - ごま油……………… 小さじ½

●にんじんのナムル
- にんじん…………………… ¼本
- ごま油……………………… 小さじ1
- しょうゆ…………………… 小さじ½

●つけ合わせ
- 卵…………………………… 1個
- 紅しょうが………………… 大さじ2

- ごはん……………………… 400g

【準備しておくこと】
卵を常温にもどしておく。
ごはんを炊いておく。

もう一品プラス！

ふわふわ手づくりマシュマロでパワーアップ！

ゼラチンを使った軽くて持ち運びやすいおやつ、ふわふわ手づくりマシュマロ（→43ページ）を別の容器に入れて、デザートに。コラーゲンと糖質をプラスしましょう。

つくり方

1 ゆで卵をつくる
なべに約1Lの水、塩小さじ½（分量外）、卵を入れて火にかけ、ふっとうしたら弱火にする。半熟なら約6分、固ゆでなら約12分ゆでて、冷水に取り、冷ます。

2 牛肉をたれに漬けこむ

しっかり漬けて、味をしみこませよう。

合わせたAに焼き肉用牛肉を10分ほどつけこむ。

3 牛肉を焼く
フライパンにサラダ油を熱し、2を焼く。

4 ほうれん草・豆もやしのナムルをつくる
なべに湯をわかし、ほうれん草、豆もやしを別々にゆで、それぞれ水気を切って、ほうれん草は5cmの長さに切り、B、Cでそれぞれ味つけする。

5 にんじんのナムルをつくる
にんじんは細切りにして、ごま油でいため、しょうゆで味つけする。

6 もりつける
お弁当箱にごはんをしきつめ、3、4、5、半分に切ったゆで卵、紅しょうがをもりつける。

焼き肉とナムルは常温に冷ましてからお弁当箱につめよう。

スポーツに必要な栄養をスピード補給！

丼めし3種

にらそぼろ丼

主食 主菜

材料（2人分）

豚ひき肉	140g
にんにく	1かけ
しょうが	1かけ
サラダ油	小さじ2
にら	1束
A 酒	大さじ1
しょうゆ	小さじ2
砂糖	小さじ1
ごはん	400g

【準備しておくこと】
ごはんを炊いておく。

完成まで **10分**

えび玉あんかけ丼

がっつり食べてからだをつくる ― 主食・主菜 ―

材料（2人分）

えび（ブラックタイガー）‥	大10尾
たけのこ（水煮）	⅙本
干ししいたけ	1個
卵	4個
酒	小さじ2
サラダ油	大さじ2
水	200mL
鶏がらスープの素	小さじ1
しょうゆ	小さじ2
塩、こしょう	各少々
グリンピース	16つぶ
片栗粉	小さじ2
ごはん	400g

【 準備しておくこと 】
干ししいたけを水（分量外）でもどしておく。
ごはんを炊いておく。

完成まで **30分**

完成まで **10分**
※干ししいたけをもどす時間はのぞきます。

鶏トマト煮丼

材料（2人分）

鶏もも肉	1枚
玉ねぎ	¼個
黄パプリカ	¼個
ブロッコリー	4ふさ
にんにく	1かけ
オリーブオイル	小さじ1
水	200mL
固形ブイヨン	1個
ローリエ	1枚
トマト缶	½缶
塩、こしょう	各少々
酒	小さじ2
ケチャップ	大さじ1
ウスターソース	小さじ1
ごはん	400g

【 準備しておくこと 】
ごはんを炊いておく。

つくり方は次のページだよ！

スポーツに必要な栄養をスピード補給！

丼めし3種

つくり方

●にらそぼろ丼

1 材料をいためる

フライパンにサラダ油をひき、みじん切りにしたにんにく、しょうがを入れ、香りがするまでいためる。

2 ひき肉・にらを加える

> 豚ひき肉は、しっかりといためて油を取りのぞくことで、くさみが取れるよ。

1に豚ひき肉を加えてよくいため、よぶんな油を取りのぞく。3cmの長さに切ったにらを加えて、合わせたAで味を調える。

3 もりつける

器にごはんをよそい、その上に2をもりつける。

●鶏トマト煮丼

1 材料の下ごしらえをする

鶏もも肉、玉ねぎ、黄パプリカはひと口大に切る。にんにくはみじん切りにする。ブロッコリーはなべに湯をわかし、塩を少々加え、2分ほどゆでる。

2 鶏肉を焼く

> 皮から先に焼くことで、皮がパリッと焼き上がるよ。

フライパンにオリーブオイル、にんにくを入れて、香りがしてきたら、塩、こしょうをした鶏もも肉を皮から先に焼き、両面を焼く。

3 煮こむ

> しっかりとアルコール分をとばすことで、アルコール独特のくさみをとることができるよ。

玉ねぎを加え、全体に油をからめたら、酒を加える。酒のアルコール分がとんだら、さらに、水、固形ブイヨン、ローリエ、トマト缶を加えて煮こむ。

4 味つけする

黄パプリカ、ブロッコリーを加え、ケチャップ、ウスターソースで味を調える。

5 もりつける

器にごはんをよそい、4をもりつける。

●えび玉あんかけ丼

1 具材の下ごしらえをする

えびはからをむいて竹ぐしで背わたを取り、酒につけておく。たけのこは細切りにする。水でもどした干ししいたけは、石づきを取ってうす切りにする。

> 酒につけておくことで、えびのくさみをとることができるよ。

2 具材をまぜる

ボウルに卵を割り入れ、水気をふいたえび、たけのこ、干ししいたけを加えてまぜ合わせ、塩、こしょうをしておく。

3 えび玉をつくる

> 卵をふわふわにするためには、強火のところに流し入れるといいよ。

フライパンにサラダ油をひき強火にして、2を流し入れる。片面がいい色に焼けたら、ひっくり返して弱火にし、ふたをして蒸し焼きにする。

4 あんかけをつくる

> 水とき片栗粉は、ふっとうしてるところに入れてすばやくかきまぜることで、ダマになりにくくなるよ。

なべに水、鶏がらスープの素を加えてふっとうさせ、しょうゆ、塩、こしょうで味を調える。グリンピースを加え、再びふっとうしたら、同量の水（分量外）でといた片栗粉を入れてとろみをつけ、火を止める。

5 もりつける

器にごはんをよそい、えび玉をのせ、4をかける。

この食材で勝つ！

まるごとゲット！ 卵パワー

卵は、ひなが成長するために必要な栄養素がつまっている栄養満点の食材。黄身はたんぱく質と脂質、白身はたんぱく質が主な成分。このほかにも、皮ふと粘膜を強くし免疫力を高めるビタミンAや、炭水化物・たんぱく質・脂質がエネルギーに変わるのを助けるビタミンB_2が豊富にふくまれている。

栄養価が高いので、1日1個は食べたい。ゆで卵にすれば、練習前後の間食にもぴったり。ゆでても栄養価はあまり変わらないけれど、加熱が長いとたんぱく質が変化して消化が悪くなるので、ゆですぎには気をつけよう。かぜなどで胃腸が弱っているときは、消化のよい半熟で食べるといいよ。

不足しがちな鉄分をレバーでしっかり補給！

レバーと香味野菜のピリ辛いため

完成まで **10分**
※レバーを水につけておく時間をのぞきます。

材料（2人分）

- 鶏レバー ……… 200g
  （豚や牛のレバーでもよい）
- しょうが ……… 1かけ
- にんにく ……… 1かけ
- 長ねぎ ……… ½本
- ごま油 ……… 小さじ2
- 豆板醤 ……… 小さじ½
  （好みでへらしてもOK）
- 酒 ……… 大さじ1

- A ┃ しょうゆ、砂糖、鶏がらスープの素 …… 各小さじ1
  ┃ 水 ……… 50mL
- 万能ねぎ ……… 適量

【 準備しておくこと 】
レバーを30分以上水（分量外）につけておく。

栄養ひとくちメモ

レバーには、貧血予防になる鉄やからだに抵抗力がつくビタミンAが豊富。豆板醤でピリ辛にすれば、食欲もアップ。

つくり方

1. レバーは小さめに切り、水気をふく。

   💬 レバーにある血のかたまりは、水につけて取りのぞくことで、くさみがなくなるよ。

2. しょうが、にんにく、長ねぎはみじん切りにする。

3. フライパンにごま油、2、豆板醤を加えて弱火でじっくりいためる。

4. レバーを加えて、色が変わってきたら酒を加える。アルコール分がとんだら、Aを加えていためる。

   💬 レバーは、長い時間火を通すと固くなってしまうので、気をつけよう。

5. 器にもりつけ、小口切りにした万能ねぎをのせる。

ひじき入り五目だし巻き卵

いつもの卵焼きにカルシウムと鉄分をプラス！

副菜

完成まで **15**分

※ひじきをもどす時間をのぞきます。

材料（2人分）

- 卵 …… 3個
- だし汁 …… 150mL
- ひじき …… 1g
- にんじん（細切り）…… 2cm
- さやえんどう（ななめ細切り）…… 2枚
- 乾燥さくらえび …… 大さじ2

A
- うす口しょうゆ …… 小さじ1
- 砂糖 …… 小さじ½

B
- 塩 …… 少々
- しょうゆ …… 少々

- サラダ油 …… 小さじ½

【準備しておくこと】
ひじきを水でもどしておく。

つくり方

1. なべにだし汁100mL、水でもどしたひじき、にんじん、さやえんどう、乾燥さくらえびを入れ、さらにAを加えて、汁気がなくなるまで煮て、冷ましておく。

2. ボウルに卵を割り入れ、1、だし汁50mLを加えてよくまぜ合わせ、Bで味を調える。

3. 卵焼き器にサラダ油を入れて中火で熱し、キッチンペーパーでうすく広げる。卵液を少しつけたさいばしを卵焼き器につけ、ジュッと音がしたら、2の約⅓の量を流し入れ、手早く大きくかきまぜる。

4. 半熟状になったら、火から下ろしてなべしきなどにのせ、フライ返しでおくから少しずつ巻いていく。

   形がくずれてしまったら、まきすで巻いて形を整えよう。

5. 巻いた卵をおくに寄せ、再び中火にかけ、あいたところに3で使ったキッチンペーパーでサラダ油をぬる。2をもう一度まぜて½の量を流し入れ、巻いた卵をフライ返しで持ち上げ、その下にも卵液を広げ、4と同様に巻いていく。これをもう一度くり返す。

じゃがいものビタミンCと牛肉のたんぱく質でからだも大満足！
牛肉のぜいたく肉じゃが

副菜

完成まで **30分**

材料（2人分）

- 牛うす切り肉 …… 100g
- じゃがいも ……… 2個
- にんじん ………… 1/4本
- さやいんげん …… 3本
- しらたき ………… 80g
- サラダ油 ……… 小さじ1
- 酒 ……………… 大さじ1
- だし汁 ………… 400mL
- A［みりん、しょうゆ …… 各大さじ1 / 砂糖 …… 小さじ1］

つくり方

1 牛うす切り肉はひと口大に切る。じゃがいもは皮をむき、ひと口大に切って水にさらし、水気を切る。にんじんは乱切りにする。さやいんげんはななめに切る。しらたきはさっとゆでて食べやすい長さに切る。

2 なべにサラダ油を熱して牛肉をいためる。酒を加えてから、じゃがいも、にんじん、しらたきを入れていため合わせる。

3 だし汁を注ぎ、ふっとうしたらアクを取り、Aを加えて落としぶたをする。再びふっとうしたら弱火で15〜20分間煮て、火を止める直前にさやいんげんを入れる。

> 落としぶたとは、なべよりもひと回り小さい木のふたなどを直接材料の上にのせることだよ。

栄養ひとくちメモ

じゃがいもは夏バテ防止に効果のあるカリウムや、骨や筋肉の強化を助けるビタミンCが豊富。どちらの成分も水にとけやすいので、煮汁までしっかり食べよう。

ごまのパワーをあったかスープでゲット！
鶏つくねの ごまスープ

完成まで **20**分

プラス一品でからだをつくる ― 副菜・汁物 ―

材料(2人分)

鶏ひき肉	140g
しょうが	1かけ
れんこん	1cm
卵	1個
長ねぎ	1/3本
水菜	1株
鶏がらスープの素	小さじ1
水	400mL
ねりごま	小さじ4
塩、こしょう	各少々
すりごま	小さじ1

つくり方

1 ボウルに鶏ひき肉と塩を入れて、ねばりが出るまでよくこねる。

> ここでしっかりとこねることで、くずれにくいつくねができるよ。

2 1にすりおろしたしょうが、あらみじん切りにしたれんこん、とき卵を加えてよくまぜ合わせ、6等分にして丸める。

3 なべに水と鶏がらスープの素を加え、ふっとうしたところに2を加えて、ういてきたら、ななめ切りにした長ねぎ、5cmの長さに切った水菜を加え、ねりごま、塩、こしょうで味を調える。

4 器にもりつけ、すりごまをちらす。

栄養ひとくちメモ

カルシウムやマグネシウムが豊富なごまは、すりつぶしたりやわらかくしたりすることで、吸収率もアップ。しょうがやねぎは、からだを温め、発汗作用を高める効果があるよ。

たことセロリの和風和え物

たこのタウリンでからだをメンテナンス！

副菜

完成まで10分

材料（2人分）
- ゆでたこ……100g
- セロリ……1/2本
- A [だし汁……大さじ2 / しょうゆ……小さじ2]
- 焼きのり……適量

栄養ひとくちメモ
たこには、良質なたんぱく質と、からだの各器官の機能を高め、抵抗力をつけるタウリンが多くふくまれている。セロリの風味とシャキシャキの食感で食欲もアップ。

つくり方
1. たこはそぎ切りでうすく切る。
2. セロリはピーラーを使ってすじをとり、うすめの輪切りにする。
3. ボウルに1、2を入れて、Aとちぎった焼きのりで和える。

> せんいを断ち切るように輪切りにすることで、食べやすくて軽い食感になるよ。

クラムチャウダー

あさりのパワーに野菜をプラス！

汁物

完成まで20分

材料（2人分）
- あさり缶（水煮）……1缶
- ベーコン……1枚
- じゃがいも……小1個
- 玉ねぎ……1/8個
- にんじん……2cm
- さやいんげん……2本
- オリーブオイル……小さじ1
- A [水……100mL / 固形ブイヨン……1個]
- 牛乳……400mL
- 塩、こしょう……各少々

つくり方
1. ベーコンは5mm幅、じゃがいも、玉ねぎ、にんじん、さやいんげんは1cmの角切りにする。
2. なべにオリーブオイルを入れて、ベーコンをいためる。じゃがいも、玉ねぎ、にんじんを加え、全体に油がからんだら、Aを入れて煮る。
3. じゃがいもがやわらかくなったら、さやいんげんとあさり缶を加える。
4. 牛乳を加え、ふっとう直前で火を止め、塩、こしょうで味を調える。

> あさり缶の汁も入れることで、コクが出るよ。

> 牛乳を入れたら、ふっとうさせないように注意しよう。

カルシウムでイライラ解消！
小松菜としらすの和え物

副菜

材料（2人分）
- 小松菜 ………… 3株
- しらす ………… 大さじ2
- 塩昆布 ………… 大さじ1
- A [だし汁 …… 大さじ3
　　 しょうゆ … 小さじ1]

栄養ひとくちメモ
骨や歯をつくるだけでなく、ストレスをやわらげる効果もあるカルシウムが豊富な、小松菜としらす。小松菜には、免疫力を高めるビタミンA・Cも入っているよ。

つくり方
1. 小松菜は根元からゆでて食べやすい長さに切る。
2. 1にしょうゆ小さじ½（分量外）をふりかけ、水気を軽くしぼる。
3. 2にしらす、塩昆布をまぜ、Aで和える。

完成まで10分

> 小松菜にしょうゆをあらかじめかけておくことで、できあがりが水っぽくならないよ。

技あり！栄養満点サーモン
さけときのこのバターみそ汁

汁物

材料（2人分）
- 生さけ ………… 2切れ
- しめじ ………… ⅓パック
- だし汁 ………… 400mL
- みそ …………… 小さじ4
- バター ………… 10g
- 万能ねぎ ……… 適量

栄養ひとくちメモ
さけは、たんぱく質やビタミンB₁のほかにも、骨や歯の形成に欠かせないビタミンDや脳を活性化させるDHAなどの栄養が豊富。しめじは、免疫力をアップさせてくれるよ。

つくり方
1. 生さけはグリルで皮を下にして焼き、食べやすい大きさに切る。しめじは石づきを取り、食べやすい大きさに分ける。
2. だし汁をふっとうさせ、1とみそを加え、味を調える。
3. 器にもりつけ、バター、小口切りにした万能ねぎをのせる。

完成まで20分

一プラス一品でからだをつくる一 副菜・汁物

デザート

たっぷりしみこんだ卵×牛乳でたんぱく質チャージ！
フレンチトーストのフルーツぞえ

完成まで **25**分

材料（2人分）

- フランスパン …… ½本
- A
  - 牛乳 …… 200mL
  - 卵 …… 1個
  - 砂糖 …… 大さじ2
- 生クリーム …… 100mL
- 砂糖 …… 小さじ1
- バター …… 12g
- フルーツ（オレンジ、キウイ、ブルーベリーなど）…… 好みで
- メープルシロップ …… 適量
- ミント …… 好みで

つくり方

1. フランスパンを食べやすい大きさに切り、合わせたAに10分くらい漬けておく。
2. 生クリームに砂糖を加え、泡立てておく。
3. フライパンにバターを加えて熱し、**1**を両面がきつね色になるまで焼く。
4. 器に**3**をのせて、**2**、カットしたフルーツをもりつけ、メープルシロップをまわしかけ、ミントをかざる。

> フランスパンは、あらかじめふくろから出して少し乾燥させておくと、液がしみこみやすくなるよ。

栄養ひとくちメモ

卵と牛乳をしみこませるので、たんぱく質・鉄・カルシウムなどをまとめてとることができるフレンチトースト。ビタミンたっぷりのフルーツを組み合わせて食べよう。

牛乳のカルシウムでリラックス効果！

レンジでチンの かんたんプリン

デザート

完成まで
15分
※冷やす時間はのぞきます。

さくっと食べてからだをつくる ― デザート・ドリンク

材料（2個分）

牛乳……………150mL	砂糖……大さじ1と½
卵………………1個	バニラエッセンス
A [砂糖……大さじ1	……………2〜3滴
[水………大さじ1	湯………小さじ2〜3

つくり方

1 耐熱容器にAを入れてまぜ、ラップなしで、電子レンジ（600W）で1分20〜30秒加熱し、カラメル色になったら取り出す。
※レンジの種類によって、加熱時間が変わることがあります。

2 1をゆすってまぜ、すぐに湯小さじ2〜3を入れてゆすりまぜ、プリン型に半分ずつ流し入れて冷蔵庫で冷やす。

> お湯をまぜるときは、中身がはねることがあるので気をつけよう。

3 牛乳を耐熱ボウルに入れ、40秒ほど電子レンジにかけて加熱し、人肌程度に温める。砂糖をまぜてとかし、割りほぐした卵と合わせてよくまぜ、バニラエッセンスを加えて2のプリン型に流す。

> 牛乳を温めすぎると、卵が固まってしまうので注意しよう。

4 タッパーのような耐熱性の容器にプリン型が半分つかるくらいまで湯（分量外）を入れ、その中に3のプリン型を入れる。

5 4にふんわりとラップをかけて、電子レンジ（500W）で5分ほど加熱する。あら熱を取って、冷蔵庫で冷やす。

> ふっとう直前に取り出せるように、様子を見ながら加熱しよう。

ひんやりレアチーズケーキ

さっぱりヨーグルトでカルシウム＆たんぱく質強化！

デザート

完成まで **10分**
※冷やし固める時間はのぞきます。

材料（2人分）

- クリームチーズ … 80g
- プレーンヨーグルト … 100g
- 砂糖 … 大さじ4
- レモン汁 … 大さじ½
- 粉ゼラチン … 6g
- 水 … 大さじ2
- ストロベリージャム … 大さじ2
- レモン汁 … 小さじ1
- ミント … 好みで

つくり方

1. クリームチーズを室温にもどす。粉ゼラチンを大さじ2の水でふやかす。
2. ボウルにクリームチーズと砂糖を入れ、なめらかになるまでまぜ、ヨーグルトとレモン汁大さじ½を加え、よくまぜる。
3. 1のゼラチンを湯せんでとかし、2に加えてよくまぜ合わせて器に入れ、冷蔵庫で冷やし固める。

   ゼラチンは、55〜60℃くらいのお湯でしっかりとかそう。

4. ストロベリージャムにレモン汁小さじ1を加えてまぜ合わせ、3にかけ、ミントをのせる。

栄養ひとくちメモ

たんぱく質とカルシウムをしっかり補給できるヨーグルト。おなかの調子を整えてくれる乳酸菌も豊富にふくまれているよ。暑い夏の日の練習後にぴったりのさわやかなスイーツ。

手軽につまんでしっかりたんぱく質補給！
ふわふわ手づくりマシュマロ

デザート

完成まで
15分

※冷やし固める時間はのぞきます。

さくっと食べてからだをつくる ― デザート・ドリンク

材料（約16個分）

粉ゼラチン……… 10g	砂糖…………… 80g
水……………… 50mL	コンスターチ…… 60g
卵白…………… 1個分	

栄養ひとくちメモ

マシュマロを固めるのに使うゼラチンは、牛や豚の皮や骨からとり出したコラーゲンという成分。つまり、たんぱく質の一種だよ。卵の白身もたんぱく質だから、からだづくりにぴったりのおやつだね。

つくり方

1 水に粉ゼラチンをまぜ、5分ほど置いて、ふやかす。卵白はしっかりと泡立てる。

2 1のゼラチンに砂糖を加えてレンジで30秒くらい温め、ゼラチンと砂糖をまぜ合わせる。

3 2に卵白を3回に分けて入れ、とろとろになるまでまぜる。

4 耐熱性のバットに半量のコンスターチをしきつめ、3を流し入れ、へらなどで表面をならし、上から残りのコンスターチをまぶす。冷蔵庫で冷やし固めて、適当な大きさに切り分ける。

> 卵白は冷蔵庫から出したての冷えたものを使うようにしよう。キメの細かいメレンゲになるよ。

フルーツのビタミン × 乳製品のカルシウム！
生クリームたっぷりフルーツサンド

材料（2人分）

- サンドイッチ用パン‥ 4枚
- 生クリーム……… 100mL
- 砂糖………… 小さじ4
- フルーツ（いちご、もも缶など）…… 好みで

栄養ひとくちメモ

エネルギー源となる炭水化物のパンにフルーツのビタミンを合わせたサンドイッチ。脂質をおさえたいときは、生クリームの量をへらし、ヨーグルトをプラスしてみよう。

つくり方

1. 生クリームに砂糖を加え、しっかりと泡立てる。
2. 1枚のパンに1をぬり、カットしたフルーツをもりつけて、さらに1をのせる。
3. もう1枚のパンではさみ、食べやすい大きさに切る。

> 生クリームは、角が立つくらいかなりかために泡立てよう。

> 冷蔵庫で少し冷やしてから切ると、切り口がきれいになるよ。

完成まで 10分

ヨーグルト効果でからだの活性化をサポート！
ドライフルーツのヨーグルト漬け

材料（2人分）

- プレーンヨーグルト……… 200g
- ドライフルーツ（マンゴー、レーズン、アプリコット、イチジクがおすすめ）…… 適量

つくり方

1. ドライフルーツは食べやすい大きさに切る。
2. 保存容器にプレーンヨーグルトを入れて、1を漬け、冷蔵庫に入れて一晩置く。

> ヨーグルトの水分をすってふくらむので、ドライフルーツは入れすぎないようにしよう。

完成まで 5分

※冷蔵庫で置く時間をのぞきます。

たった1杯で栄養を補給！だれもが好きな
なめらかミルクセーキ

ドリンク

完成まで **3分**

材料（2人分）

- 牛乳 …………… 400mL
- 卵 ……………… 1個
- 砂糖 …………… 小さじ4
- バニラエッセンス … 少々

栄養ひとくちメモ

牛乳のカルシウムと卵のたんぱく質がまざっているので、時間がないときや体調不良で食欲がないときの栄養補給にもおすすめ。

つくり方

1. すべての材料をミキサーにかける。

あまさは好みで調整しよう。

あまさにかくれたひみつの効果！
タピオカ×ココナッツミルク

ドリンク

完成まで **50分**
※冷蔵庫で冷やす時間はのぞきます。

材料（2人分）

- タピオカ …………………… 10g
- A
  - ココナッツミルク …… 100mL
  - 牛乳 ………………… 100mL
  - 砂糖 ………………… 大さじ2
- フルーツ（キウイ、いちご、すいか、バナナなど）………… 好みで

栄養ひとくちメモ

エネルギー源となる炭水化物を多くふくむタピオカと、鉄分たっぷりで貧血予防に効果のあるココナッツミルク。好きなフルーツをうかべて、ビタミンもしっかり補給しよう。

つくり方

1. なべに約1Lの湯をわかし、ふっとうしたらタピオカを加えてまぜ、火を止め、ふたをして40〜50分置く。とちゅう10分おきくらいにまぜる。
2. Aをまぜ合わせ、冷蔵庫で冷やしておく。
3. タピオカがほぼ透明になったら氷につけて冷まし、水気を切る。
4. 2に3、カットしたフルーツを入れる。

ときどきまぜることで、タピオカどうしがくっつきにくくなるよ。

もっと知りたい！栄養とスポーツ1

食べたものがからだの中でどう作用するのか、どんな食べものが
からだにいいのか、考えたことはありますか。
スポーツと食事の関わりを中心に見ていきましょう。

❶ 栄養ってどんなものがあるの？

食べものには、からだの成長やスポーツでちからを出すために欠かせないさまざまな栄養がふくまれています。毎食とりたいおもな栄養には、脳や筋肉を動かすエネルギー源となる「炭水化物（糖質）」と「脂質」、骨や筋肉、血液などをつくる「たんぱく質」があり、これらを合わせて「3大栄養素」といいます。さらに、からだの機能を正しく保ったり調整したりする「ビタミン」や「ミネラル」を合わせて「5大栄養素」といいます。このほか、栄養ではありませんが、腸の調子を整える「食物せんい」などもとる必要があります。

❷ バランスのいい食事ってどういうもの？

主食、主菜、副菜を基本に、さまざまな食品を食べることがバランスのいい食事といえます。主食は、ごはんやパン、めんなどで、おもに炭水化物をふくんでいます。主菜はメインのおかずで、たんぱく質や脂質などをふくんでいる、肉や魚、卵、大豆製品などの料理です。副菜はおもにビタミン、ミネラル、食物せんいをふくむおかずで、野菜やきのこ、いも、海藻などの料理です。さらに、乳製品、果物も食べるとよいでしょう。

たとえば、「牛肉たっぷり肉どうふ定食」（→8ページ）に、デザートの「ドライフルーツのヨーグルト漬け」（→44ページ）と、さらに「たことセロリの和風和え物」（→38ページ）などの副菜をもう一品プラスしたメニューは、とてもバランスのいい食事といえますね。

❸ 好ききらいはどうしていけないの？

食べられないものが多いと、からだに入る栄養がかたよってしまいます。たとえば、ミネラルの一種である鉄が不足すると、貧血になったり、食欲がなくなったりします。
そのため、きらいなものでも、できるだけ食べるようにしたいですね。たとえば、細かくしてほかの材料にまぜるなど、調理方法を工夫すると意外と食べられます。また、きらいなものでもときどき食べることにちょうせんしていると、いつのまにか食べられるようになることもあります。アレルギーなどでどうしても食べられない場合は、同じ栄養素をふくむほかの食品を食べるようにしましょう。

④ 練習後や試合後の食事は、どんなことに気をつければいいの？

運動で使った筋肉をつくり直すためには、運動後すみやかに炭水化物やたんぱく質をとるといいといわれています。家に帰るまでに時間がかかったり、すぐに食事をとれない場合は、ヨーグルトなどを食べてたんぱく質や糖質を補給し、筋肉を回復させましょう。試合後でつかれているときは、カレーライスや丼ものなど一皿で、炭水化物を中心にさまざまな栄養をとることができる料理がおすすめです。

> たとえば、調理時間が短く、栄養も十分な「にらそぼろ丼」（→30ページ）や「えび玉あんかけ丼」（→31ページ）などが練習後にぴったりです。

⑤ スポーツ選手に不足しやすい栄養ってあるの？

スポーツをやっている人は、鉄分不足になることが多いといわれています。運動をして走ったりとんだりしていると、血液の中の鉄分をふくむ細胞がこわれてしまうためです。また、女子選手は月経になると、さらに鉄分が不足してしまいます。鉄分を多くふくむ食品には、レバー、ひじき、ほうれん草、貝類などがあります。成長期のうちはとくに、これらの食品を積極的にとるようにしましょう。

> たとえば、鉄分たっぷりのレバーを使ったレシピ「レバーと香味野菜のピリ辛いため」（→34ページ）、鉄分といっしょにカルシウムもとることができる「ひじき入り五目だし巻き卵」（→35ページ）などがおすすめです。

⑥ 筋肉をつけるには、プロテインがいいの？

筋肉をつけるには、良質なたんぱく質をとることが大切です。プロテインは、たんぱく質をおもな成分とするサプリメントですね。子ども用のプロテインもありますが、できればほかの栄養もいっしょにとれる食品からたんぱく質をとるほうがおすすめです。肉や魚、卵にふくまれる「動物性たんぱく質」と豆や大豆にふくまれる「植物性たんぱく質」の両方をバランスよくとるようにしましょう。

⑦ けがを予防するためにはどんなものを食べればいいの？

からだの骨と骨をつなぐ関節は、コラーゲンというたんぱく質の一種でできています。関節がじょうぶであればけがをしにくくなるということがわかっています。コラーゲンが体内でつくられるときには、ビタミンCが必要なので、オレンジやレモン、キウイなどの果物や緑黄色野菜もたっぷりとるようにしましょう。

> たとえば、コラーゲンたっぷりの鶏もも肉に、ビタミンCが豊富なレモン汁を使ったコールスローつきの「タンドリーチキンのコールスローぞえ」（→12ページ）、コラーゲンでできたゼラチンを使ったデザート「ひんやりレアチーズケーキ」（→42ページ）や「ふわふわ手づくりマシュマロ」（→43ページ）がおすすめです。

〈監修者紹介〉
新生 暁子（しんじょう ときこ）

管理栄養士。国立健康・栄養研究所の栄養教育プログラムで技術補助員として勤務。その後、高橋尚子さん率いる「チームQ」に加入し、栄養をはじめ食事面全般のサポートを担当。現在は栄養指導やスポーツ選手を志す子ども向けの食育講座などを行っている。主な著書に『子どものためのスポーツめし』（枻出版社）、『めざせ！フルマラソン 美味しく食べてもっと走れる体をつくるランニングレシピ』（エンターブレイン）など。

```
NDC 596
監修　新生暁子
夢をかなえるスポーツ応援レシピ
つくろう！食べよう！勝負ごはん
① からだをつくる ごはんとおやつ
日本図書センター
2015年　48P　26.0cm×21.0cm
```

〈スタッフ〉
撮影 ● 福原毅
スタイリング ● 小野寺祐子
イラスト ● こしたかのりこ
取材・文 ● 桑名妙子
編集・制作・デザイン ● 株式会社童夢
企画担当 ● 日本図書センター／高野総太、山下泰輔

〈取材協力〉
株式会社コナミスポーツクラブ
株式会社ARS

〈写真協力〉
株式会社コナミスポーツクラブ
中西祐介／アフロスポーツ
月刊バレーボール
代表撮影／アフロ
保高幸子／アフロ

※本書の情報は、2015年12月現在のものです。

夢をかなえるスポーツ応援レシピ
つくろう！食べよう！勝負ごはん
①からだをつくる ごはんとおやつ

2015年12月25日　初版第1刷発行
2016年12月25日　初版第2刷発行
監　修／新生暁子
発行者／高野総太
発行所／株式会社 日本図書センター　〒112-0012　東京都文京区大塚3-8-2
　　　　電話　営業部03（3947）9387　出版部03（3945）6448
　　　　http://www.nihontosho.co.jp
印刷・製本　図書印刷 株式会社

2016 Printed in Japan
乱丁・落丁本はお取り替えいたします。

ISBN978-4-284-20356-2（第1巻）